Bibliografische Information der Deutschen Nationalbibliothek:

Die Deutsche Bibliothek verzeichnet diese Publikation in der Deutschen National-
bibliografie; detaillierte bibliografische Daten sind im Internet über http://dnb.d-
nb.de/ abrufbar.

Dieses Werk sowie alle darin enthaltenen einzelnen Beiträge und Abbildungen
sind urheberrechtlich geschützt. Jede Verwertung, die nicht ausdrücklich vom
Urheberrechtsschutz zugelassen ist, bedarf der vorherigen Zustimmung des Verla-
ges. Das gilt insbesondere für Vervielfältigungen, Bearbeitungen, Übersetzungen,
Mikroverfilmungen, Auswertungen durch Datenbanken und für die Einspeicherung
und Verarbeitung in elektronische Systeme. Alle Rechte, auch die des auszugsweisen
Nachdrucks, der fotomechanischen Wiedergabe (einschließlich Mikrokopie) sowie
der Auswertung durch Datenbanken oder ähnliche Einrichtungen, vorbehalten.

Impressum:

Copyright © 2016 GRIN Verlag
Druck und Bindung: Books on Demand GmbH, Norderstedt Germany
ISBN: 9783668908659

Dieses Buch bei GRIN:

https://www.grin.com/document/460932

Anna-Maria Salchegger

Stress bei Kindern und Jugendlichen. Ursachen, Symptome und Coping-Strategien

GRIN Verlag

GRIN - Your knowledge has value

Der GRIN Verlag publiziert seit 1998 wissenschaftliche Arbeiten von Studenten, Hochschullehrern und anderen Akademikern als eBook und gedrucktes Buch. Die Verlagswebsite www.grin.com ist die ideale Plattform zur Veröffentlichung von Hausarbeiten, Abschlussarbeiten, wissenschaftlichen Aufsätzen, Dissertationen und Fachbüchern.

Besuchen Sie uns im Internet:

http://www.grin.com/

http://www.facebook.com/grincom

http://www.twitter.com/grin_com

„Stress, lass nach!"

Stress und Coping-Strategien bei Kindern und Jugendlichen

Vorwissenschaftliche Arbeit

vorgelegt von

Anna-Maria Salchegger

Klasse 8A

Bischofshofen, am 17. Februar 2016

Abstract

Die vorliegende Arbeit beschäftigt sich mit dem Thema „Stress und Stressbewältigung bei Kindern und Jugendlichen". Es werden verschiedene Möglichkeiten, Stress zu definieren, vorgestellt und kommentiert. Des Weiteren werden Möglichkeiten, wie Stress entsteht und welche Ursachen Stress auslösen können, erklärt. Darüber hinaus wird beschrieben, wie man Stress bewerten und wie man auf ihn reagieren kann. Die drei bekanntesten Stressmodelle von Lazarus, Dohrenwend und Selye werden vorgestellt. Stress bei Kindern und Jugendlichen wird beschrieben und mögliche Stressoren, wie zum Beispiel Probleme in der Schule, werden erläutert. Außerdem werden die Folgen, welche Stress bei Kindern und Jugendlichen haben kann, näher beschrieben. Die möglichen Bewältigungsformen und Bewältigungsstrategien bei Kindern und Jugendlichen werden verdeutlicht. Abschließend wird erklärt, wie Kinder und Jugendliche Stress vorbeugen und vermeiden können. Mithilfe einer Befragung an einem Gymnasium werden Unterschiede und Zusammenhänge von Symptomen und Bewältigungsmethoden bei Kindern und Jugendlichen ausgearbeitet und im letzten Kapitel analysiert und kommentiert.

Inhaltsverzeichnis

Vorwort

Da in meiner Familie in den letzten Jahren vermehrt körperliche Krankheiten aufgetreten sind, welche aufgrund von seelischen Problemen entstanden sind, habe ich begonnen, mich für psychosomatische Erkrankungen zu interessieren. Da es jedoch unzählige psychosomatische Krankheiten gibt, habe ich mich für Stress entschieden, weil es eine sehr häufige Erscheinung im Alltag ist. Für mich war von Anfang an klar, dass ich mich nur auf Kinder und Jugendliche beschränke, da es über Stress bei Erwachsenen und Stress in der Arbeitswelt schon zahlreiche Untersuchungen und Bücher gibt. Stress bei Erwachsenen wird sehr ernst genommen, hingegen wird Stress bei Kindern und Jugendlichen selten als gefährlich bezeichnet. Dass Stress bei Kindern und Jugendlichen genau so ernst genommen werden muss wie bei Erwachsenen, war ein Ansporn für mich, diese Arbeit zu verfassen. Eine allgemeine Definition für Stress zu finden, war die erste Hürde für mich, da es für den Begriff Stress keine festgelegte Definition gibt, sondern nur viele verschiedene Definitionsmöglichkeiten. Die Recherche von Stressoren bei Kindern und Jugendlichen war der spannendste Teil für mich, da ich immer wieder auf Stresserreger gestoßen bin, auf welche ich niemals mit Stress reagieren würde.

Besonders danke ich meiner Betreuungslehrerin Mag. Sabine Kahlfuss, da sie mir jederzeit weitergeholfen hat, mir alle Fragen bezüglich des Inhaltes, des Aufbaues und meines Fragebogens beantwortet hat und mir immer sehr hilfreiche Tipps gegeben hat.

1. Einleitung

„Stress lass nach!" Jeder kennt ihn und jeder scheint ihn zu haben - Stress.

Mit meiner Fragestellung

Wie entsteht Stress? Welche Coping-Strategien gibt es für Kinder und Jugendliche in Stresssituationen?

möchte ich darlegen, was Stress ist, wie er entsteht und wie man ihn bewältigen kann. Mein Schwerpunkt liegt dabei darauf, herauszufinden, wie Kinder und Jugendliche Stress empfinden, bemerken und bewältigen können.

Die vorliegende Arbeit gliedert sich in vier große Teile: Zu Beginn wird alles rund um den Begriff Stress geklärt, wie er entsteht, welche Symptome er mit sich bringen kann, wie man auf diese Symptome reagiert, und verschiedene Stressmodelle werden vorgestellt. Weiters geht es um Stress bei Kindern und Jugendlichen, in diesem Kapitel sollen stressauslösende Faktoren, sogenannte Stressoren im Kindes- und Jugendalter erklärt werden. Darüber hinaus werden in diesem Teil die Stresssymptomatik bei Kindern und Jugendlichen und die Folgen von Stress bei Kindern und Jugendlichen näher beschrieben. Der dritte Teil beschäftigt sich mit Bewältigungsformen und Strategien, welche sich ebenfalls auf Kinder und Jugendliche beziehen. Im vierten Kapitel wird der Begriff Stressprävention kurz erklärt, und mögliche Präventionsmaßnahmen für Kinder und Jugendliche werden vorgestellt. Im letzten Teil meiner Arbeit findet sich die Auswertung eines Fragebogens zum Thema „Stress und Coping-Strategien bei Kindern und Jugendlichen". Dabei galt es herauszufinden, ob es betreffend der Symptome und der Bewältigungsmethoden im Kindes- und Jugendalter Unterschiede beziehungsweise Zusammenhänge gibt. Das Hauptziel der vorliegenden Arbeit ist, über Stress zu informieren und darauf aufmerksam zu machen, dass Kinder und Jugendliche unter enormer Stressbelastung stehen. Außerdem soll dargelegt werden, wie sich Stress auf Kinder und Jugendliche auswirken kann.

Um die Lesbarkeit der vorwissenschaftlichen Arbeit zu vereinfachen, wird auf die zusätzliche Formulierung der weiblichen Form verzichtet.

2. Stress

"It's not stress that kills us, it is our reaction to it!"[1]

Dieses Zitat stammt vom österreichisch-kanadischen Mediziner Hans Selye (1907-1982), der den Begriff Stress aus der Physik in die Medizin und die Psychologie eingeführt hat. In der Physik bezeichnet Stress die mechanische Spannung, die auf einem Material lastet. Das Wort Stress wird heute aus dem Englischen mit Druck, Anspannung oder Beanspruchung übersetzt. Ursprünglich leitet sich der Begriff Stress vom lateinischen Wort „stringere" ab. Es sind einige Übersetzungen möglich, zum Beispiel anspannen, in Spannung versetzen, drücken, zusammenpressen oder anziehen. Mittlerweile gibt es eine Reihe von verschiedenen Definitionen von Stress, doch keine allgemeingültige.

> „Stress entsteht durch die Art und Weise, wie ein Mensch mit Belastungen umgeht und sie bewältigt. Stress wird als Ungleichgewicht der Individuum-Umwelt-Reaktion angesehen (entspricht dem transaktionalen Stressmodell)."[2]

Diese Definition beschränkt sich auf den Umgang mit Stress und der Art der Bewältigung. Als Stress wird eine Disparität in der Reaktion zwischen Umwelt und Mensch bezeichnet.

> „Stress kann definiert werden als die physische, psychische und biochemische Reaktion des Körpers auf Anforderungen, welche mit den verfügbaren Ressourcen und Handlungsmöglichkeiten nicht bewältigt werden können. Stress impliziert demgemäß physische, biochemische und psychische Facetten."[3]

Diese Definition beschreibt Stress als eine somatische, emotionale und physiologische Reaktion eines Organismus auf Situationen, welche mit den vorhandenen Mitteln und Bewältigungsmechanismen nicht verarbeitet werden können.

> „Stress ist definiert als ein Spannungszustand, der durch die Befürchtung entsteht, dass eine stark aversive, zeitlich nahe oder bereits eingetretene subjektiv lang andauernde Situation als nicht vollständig kontrollierbar erlebt wird, deren Vermeidung aber subjektiv wichtig erscheint."[4]

Die dritte Definition erläutert Stress als einen Spannungszustand, der aufgrund einer Mutmaßung auf eine Situation, die bedrohlich erscheint, entsteht. Diese Situation zu vermeiden

---

[1] Tetter, David: Stress kills. URL: http://www.frogrecruitment.co.nz/Inspiration/BreathingTechniques/StressKills.html [Stand: 02.09.2015]
[2] Hornung, Rainer; Lächler, Judith: Psychologisches und soziologisches Grundwissen für Gesundheit-und Krankenpflegeberufe. Weinheim: Beltz Verlag 2006, S. 273f
[3] Hey, Stefan: Was ist Stress?. URL: http://www.stress-ratgeber.de/definition [Stand: 05.12.2015]
[4] Stangl, Werner: Stress. URL: http://psychologie.stangl.eu/definition/Stress.shtml [Stand: 02.09.2015]

ist von großer Bedeutung. Bei dieser Definition wird nur der negative Stress, welcher als eine Bedrohung bewertet wird, erläutert.

> „Stress ist ein Muster spezifischer und unspezifischer Reaktionen eines Organismus auf Reizereignisse, die sein Gleichgewicht stören und seine Fähigkeiten zur Bewältigung strapazieren oder überschreiten. Diese Reizereignisse umfassen eine ganze Bandbreite externer und interner Bedingungen, die allesamt als Stressoren bezeichnet werden. Ein Stressor ist ein Reizereignis, das vom Organismus adaptive Reaktionen verlangt."[5]

Diese Definition bezieht sich auf die verschiedenen Stressoren, die für das Stresserleben verantwortlich sind. Stressoren verlangen vom Organismus eine passende Reaktion zu finden, um den Stress zu bewältigen. Stress stört den Organismus aufgrund von Reizereignissen und spezifischen/unspezifischen Reaktionen des Körpers. Bei dieser Definition wird der grundlegende Ablauf von Stress erklärt.

> „Stress resultiert aus einer Bedrohung der physiologischen und/oder psychologischen Unversehrtheit einer Person, welche adaptive physiologische, behaviorale, emotionale und kognitive Reaktion bewirkt. Entscheidend ist die Einschätzung des Bedrohungscharakters eines Stressors unabhängig davon, ob eine Bedrohung objektiv gegeben ist oder subjektiv so interpretiert wird. In beiden Fällen wird das individuelle Ausmaß der Stressreaktion durch eine Integration der individuellen psychobiologischen Stressreagibilität, der subjektiven Bedrohungs-Einschätzung und der Einschätzung der verfügbaren Bewältigungsressourcen dar."[6]

Die letzte Definition beschreibt Stress als ein Resultat einer Gefährdung der biologischen und/oder der psychischen Gesundheit einer Person. Diese Bedrohung kann eine physiologische, eine verhaltensbezogene, eine emotionale oder eine kognitive Reaktion hervorrufen. Die Bewertung des Stressors, die Einschätzung der vorhandenen Bewältigungsressourcen und die psychobiologische Belastbarkeit spielen eine bedeutende Rolle bei einer Stressreaktion.

2.1. Entstehung und Ursachen von Stress

Stress entsteht dann, wenn das physische oder psychische Wohlbefinden einer Person bedroht wird. Bedeutende Lebensereignisse können Stress erzeugen, den Organismus durcheinander bringen und zu gesundheitlichen Schäden führen. Veränderungen der gewohnten

---

[5] Zimbardo, Philip; Hoppe-Graf, Siegfried; Keller, Barbara (Hgg.): Psychologie. Berlin Heidelberg: Springer Verlag 1995, S. 575
[6] Heinrichs, Markus; Stächele, Tobias; Domes, Gregor: Stress und Stressbewältigung. Fortschritte der Psychotherapie. Göttingen: Hogrefe 2015 (= Fortschritte der Psychotherapie 58), S. 5

Lebenssituation machen es mühsamer, effektiv zu arbeiten. Aber sie können auch den Körper angreifen und ihn gesundheitlich schwächen. Laut wissenschaftlichen Untersuchungen vermehrt sich die Menge an Lebensveränderungen vor dem Beginn einer Krankheit oft beträchtlich. Stresserzeugende Lebensereignisse können sogar einen Tod durch Herzinfarkt, Tuberkulose, multipler Sklerose, Diabetes und viele weitere gefährliche Krankheiten auslösen.[7]

Aber nicht nur besondere Lebensereignisse erzeugen Stress, sondern auch alltägliche Anforderungen und Probleme können zu Stress führen. Diese werden als „daily hassles" bezeichnet, darunter versteht man kleine Irritationen und Frustrationen, welche immer wieder auftreten können. Dieses Gefühl der Dauerhaftigkeit kann zu einer Belastung werden und viele Menschen sind von „daily hassles" oft viel mehr erschüttert als von einem punktuellen Lebensereignis. Zu alltäglichen Anforderungen und Problemen zählen die meisten Menschen zukunftsbezogene Sorgen, Probleme mit Freunden oder Familienmitgliedern, Zeitmangel und Schwierigkeiten mit dem anderen Geschlecht. Jeder Mensch bewertet Situationen anders, einer bewertet eine bestimmte Situation bereits als Problem, andere denken noch gar nicht daran, diese Situation als Problem einzustufen. [8]

„Eine pragmatische Klassifikation von Stressoren unterscheidet objektive und subjektive Stressoren:

Objektive Stressoren sind: Schlafentzug, Verletzungen, Krankheiten, schwere Operationen, Verbrennungen, Unterkühlung, Hitze, Kälte, Luftdruckveränderungen, Hunger, Durst, Lärm, intensives Licht, Isolation, Dichte (wie Bevölkerungsdichte), monotone Arbeit, Unterforderung und Überforderung, schlechte Lebens- und Arbeitsbedingungen, Nichterfüllung wesentlicher Bedürfnisse.

Subjektive Stressoren sind: negative Denkmuster, die Neigung zu Ungeduld, Ärger, Wut, Angst, Feindseligkeit, Dominanzstreben oder Konkurrenzdenken, falsche Situationsbewertungen, Schwarzsehen, Hineinsteigern, selbst gemachter Zeit- und Leistungsdruck, zu hohe Erwartungen, Enttäuschungen, eingebildete Bedrohung oder Hilflosigkeit."[9]

---

[7] Vgl. Zimbardo,1995, S. 575f

[8] Vgl. Seiffge-Krenke, Inge; Lohaus, Arnold (Hgg.): Stress und Stressbewältigung im Kindes- und Jugendalter. Göttingen. Hogrefe 2007, S. 12f

[9] Pleininger, Annemarie: Stress erkennen. Stress bewältigen. URL: http://www.oebbg.at/newsletter/stress-erkennen-stress-bewaeltigen/ [Stand: 16.09.2015]

2.2. Körperliche Symptome von Stress

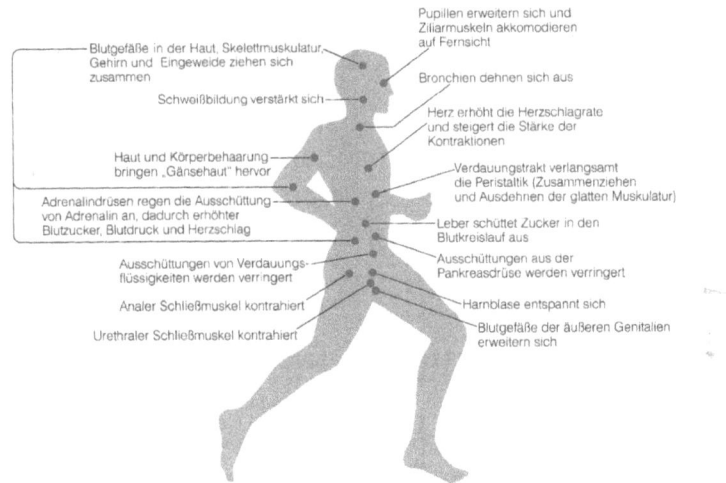

Abb.1: Symptome von Stress

Wenn eine Stressreaktion eintritt, spielt der Hypothalamus die Hauptrolle, er steuert das autonome Nervensystem, das die Aktivitäten der Organe regelt, und er aktiviert die Hypophyse. Der Körper kann auf Stress mit vielen verschiedenen körperlichen Reaktionen antworten. Erkennt der Organismus Stress, so werden die Atmung und der Herzschlag beschleunigt und verstärkt. Die Blutgefäße werden enger und der Blutdruck wird höher. Muskeln öffnen die Wege durch Nase und Hals, um somit mehr Luft in die Lunge zu leiten. Automatisch ändert sich der Gesichtsausdruck, der verstärkte Emotionen sichtbar macht. Der Körper stellt außerdem die Verdauung unter Stress ein. Eine weitere Funktion des Körpers ist, das Adrenalin in die Höhe zu treiben. Adrenalin spielt bei Angstreaktionen und Flucht eine bedeutende Rolle. Hingegen hat Noradrenalin bei Wut und Renitenz eine wichtige Bedeutung. Zusätzlich werden von der Milz mehr rote Blutkörperchen ausgeschüttet, um bei einer Verletzung die Blutgerinnung zu verstärken. Hingegen wird das Knochenmark aktiviert, mehr weiße Blutkörperchen zu produzieren, um eine Infektion zu vermeiden und im Notfall zu bekämpfen. Die Leber beginnt mehr Zucker zu produzieren, um dem Körper mehr Energie zu liefern. Das Hormon TTH (thyrotrophes Hormon) veranlasst die Schilddrüse, mehr Energie freizusetzen. Die nachfolgende Darstellung fasst die körperlichen Symptome von Stress zusammen. [10]

2.3. Stressbewertung und Stressreaktionen

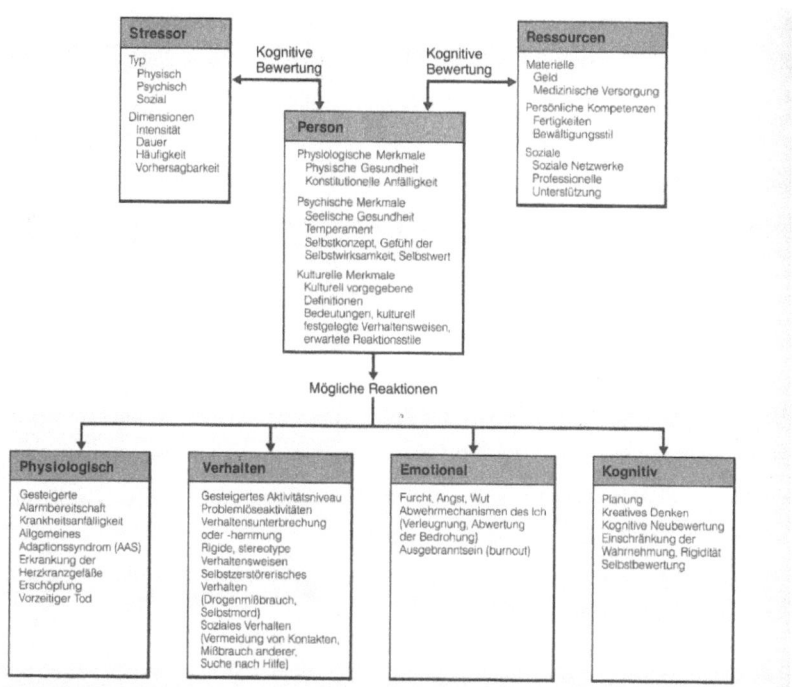

Abb. 2: Stressreaktionen

Stressreaktionen sind erforderlich, wenn der Organismus eine Situation so bewertet, dass er bedroht wird oder die Ressourcen für eine Bewältigung nicht vorhanden sind. Eine derartige Bewertung löst bei der Person eine physiologische, eine behaviorale, eine emotionale oder eine kognitive Reaktion aus. Wie die Person reagiert hängt davon ab, wie sie den Stress bzw. den Stressor einschätzt. Außerdem wird die Stressreaktion von der Einschät-

---

[10] Vgl. Zimbardo,1995, S. 578

zung der Bewältigungsressourcen bestimmt. Diese Reizereignisse können den Organismus aus dem Gleichgewicht bringen und die Fähigkeit zur Bewältigung überlasten.[11]

Welche Reaktion für den Organismus die richtige ist, hängt von der Bewertung ab. Wie sich ein Stressor auf einen Organismus auswirkt, wird von sogenannten Moderatorvariablen bestimmt. Man kann einen Stressor als Bedrohung oder aber auch als Herausforderung sehen. Die kognitive Bewertung spielt eine große Rolle, denn wird ein Stressor als Bedrohung bewertet, wirkt sich dies als Distress, negativer Stress aus. Wird der Stressor jedoch als Herausforderung angesehen, kann dies den Organismus „aufputschen" und wirkt sich positiv als Eustress aus. Eine weitere Moderatorvariable sind die Ressourcen, die ein Organismus benötigt, um den Stress zu bewältigen. Bestimmte Situationen werden von fast allen Menschen identisch bewertet, zum Beispiel wird der Brand des eigenen Hauses als Bedrohung gesehen. Körperliche Verletzungen oder der Verlust eines nahestehenden Menschen werden von den meisten Menschen als Bedrohung bewertet werden. Ein Organismus, der von außen eine Bedrohung wahrnimmt, reagiert mit einer physiologischen Stressreaktion. Aber auch wenn ein Organismus von Bakterien oder Krankheitserregern befallen ist, reagiert er mit einer physiologischen Stressreaktion. Eine physiologische Stressreaktion bedeutet mit Körperkraft, sofortigem Handeln und automatisierten Mechanismen gegen den Stressor zu kämpfen. Wie sich ein Organismus verhält, wenn er unter Stress steht, hängt meist davon ab, wie stark der Stress empfunden wird. Eine psychische Stressreaktion kann bei leichtem Stress das Verlangen nach Sexualität oder das Verlangen nach Essen verstärken. Starker Stress hingegen kann zur Unterdrückung von Verhalten führen zum Beispiel zur Unbeweglichkeit, die Hilflosigkeit ausdrückt.[12]

Die folgende Abbildung zeigt auf, zu welchen verschiedenen Stressreaktionen es im physiologischen, behavioralen, kognitiven und emotionalen Bereich kommen kann. Die kognitive Bewertung der Situation wird von der Bewertung des Stressors und den persönlichen Ressourcen stark beeinflusst. Wie die Person letztendlich reagiert, hängt oft von den eigenen Merkmalen ab.

---

[11] Vgl. Heinrichs/Stächele/Domes, 2015, S. 5
[12] Vgl. Zimbardo, 1995, S. 577

2.4. Stressmodelle

Modelle	Wesentliche Vertreter	Fokus	Kernaussage
Biologische Stressmodelle	Cannon, Selye	Reaktionsorientiert	Unspezifische Stressreaktionen
Soziologische Stressmodelle	Holmes& Rahe, Anderson	Stressoren werden untergliedert in: chronische Stressoren, Lebensereignisse, tägliche Ärgernisse	Spezifische Stressreaktionen
Psychologische Stressmodelle	Lazarus& Folkman	Subjektiver Stress: Wahrnehmung, Interpretation, Bewältigungs-versuche	Stress entsteht, wenn der Betroffene seine Bewältigungsmöglichkeiten als nicht ausreichend einschätzt
Ressourcen-fokussierte Stressmodelle	Becker& Polenz, Hobfoll	Stress durch Ressourcenverlust, -schwäche oder falschen Ressourceneinsatz	Bedrohung oder Verlust von Ressourcen lösen Stress aus
	Antonovsky	Salutogenese: Erhalt der Gesundheit	Ressourcen und protektive Faktoren zur Gesundheitserhaltung
Biopsychosoziale Stressmodelle	Engel, Adler et al.	Interaktion von Körper, Psyche und Umwelt	Stress entsteht durch die Interaktion biologischer, psychologischer und sozialer Einflussfaktoren

Abb. 3: Stressmodelle

In diesem Kapitel soll ein Überblick über die drei bekanntesten und gängigsten Erklärungsmodelle für Stress gegeben werden. Das reizzentrierte Stressmodell nach Dohrenwend gehört zu den biologischen Stressmodellen, das reaktionszentrierte Stressmodell nach Selye, welches ebenfalls zu den biologische Stressmodellen gehört, und das transaktionale Stressmodell nach Lazarus, welches ein psychologischen Erklärungsmodell ist. Darüber hinaus gibt es noch eine Vielzahl von weiteren Stressmodellen, von denen an dieser Stelle einige angeführt werden.

Die biologischen Stressmodelle von Walter Cannon und Hans Selye sind reaktionszentrierte Modelle, welche sich nur mit unspezifischen Stressreaktionen beschäftigen. Unter unspezifischen Stressreaktionen versteht man motorische, physiologische, emotionale und kognitive Stressreaktionen. Thomas Holme, Richard Rahe und Paul Anderson sind Vertreter von soziologischen Stressmodellen. Sie unterteilen Stressoren in drei Rubriken: chronische Stressoren, Lebensereignisse und tägliche Ärgernisse. Somit beschäftigen sie sich nur mit spezifischen Stressreaktionen. Das psychologische Stressmodell von Richard Lazarus und Susan Folkman behandelt nur den subjektiven Stress. Bei dieser Theorie sind die Wahrnehmung, die Interpretation und die Bewältigungsversuche von großer Bedeutung. Laut dem psychologischen Stressmodell entsteht Stress nur dann, wenn jemand seine Bewältigungsmöglichkeiten als zu wenig bewertet. Bei den ressourcenfokussierten Stressmodellen gibt es zwei unterschiedliche Schwerpunkte. Peter Becker, Wolf Polenz und Stevan Hobfoll stellen den Ressourcenverlust in den Vordergrund ihres Modells. Somit lösen eine Bedrohung oder ein Verlust von Ressourcen Stress aus. Aaron Antonovsky stellt die Erhaltung der Gesundheit, mithilfe von Ressourcen und Schutzmaßnahmen in den Mittelpunkt seines Modells. Das biopsychosoziale Stressmodell von George L. Engel und Rolf Adler besagt, dass Stress durch die Interaktion biologischer, psychologischer und sozialer Faktoren entsteht.[13]

2.4.1. Das transaktionale Stressmodell nach Lazarus

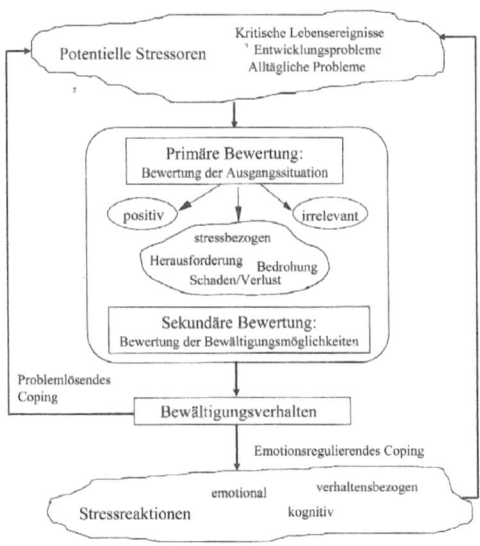

Abb. 4: Das transaktionale Stressmodell von Lazarus

In dem Stressmodell des aus New York stammenden Psychologen Richard Lazarus aus dem Jahr 1974 geht es um die Bedeutung der Wechselwirkung zwischen den Anforderungen und

---

[13] Vgl. Hey, Stefan: Stresstheorien. URL: http://www.stress-ratgeber.de/definition/stresstheorien [Stand: 12.10.2015]

den Ressourcen der Person. Das Modell geht auf die Bedeutung von individuellen Bewertungs- und Bewältigungsprozessen ein. Das heißt, dass die Person selbst sehr viel zum Stress und Stressbewältigungsvorgang beiträgt. Bei der primären Bewertung wird die Relevanz des Ereignisses für das eigene Wohlergehen eingeschätzt. Wird das Ereignis als positiv oder irrelevant bewertet, ist kein Anpassungsverhalten nötig. Wird jedoch ein Ereignis als stresserzeugend bewertet, löst dies unangenehme Gefühle aus. Eine stressbezogene Bewertung kann in drei Fällen auftreten: Die Person schätzt die Situation als Bedrohung ein, sie befürchtet Schädigung oder Verlust. Eine derartige Bewertung erzeugt negative Gefühle wie Angst und Unsicherheit. Im Gegensatz dazu erzeugt eine Herausforderung positive Gefühle wie Zuversicht, Interesse und Hoffnung. Im dritten Fall bewertet die Person ein vergangenes Ereignis als Schädigung oder Verlust, diese Bewertung löst Gefühle wie Trauer oder Ärger aus.

Bei der sekundären Bewertung wird von der Person eingeschätzt, ob die eigenen Ressourcen ausreichen, um diese Situation bewältigen zu können. Zu diesen persönlichen Ressourcen zählen zum Beispiel der Gesundheitszustand, soziale Ressourcen wie zum Beispiel das soziale Umfeld, psychologische Ressourcen wie zum Beispiel die Fähigkeit, ein Problem zu lösen, oder die Selbsteinschätzung und materielle Ressourcen wie zum Beispiel Geld, Haus oder Auto. Zu einer stressbezogenen sekundären Bewertung kommt es dann, wenn die Person ihre persönlichen Ressourcen für die Bewältigung der Situation als ungenügend einschätzt. Die Bewältigungsstrategie hängt von der sekundären Bewertung ab, je nachdem, ob die Ressourcen als ausreichend oder nicht ausreichend bewertet werden. Außerdem wird eingeschätzt, welche Bewältigungsmöglichkeiten vorhanden sind und wie wahrscheinlich ein Erfolg ist. Es kann zu einer Neubewertung der Situation kommen, wenn sich die Ausgangssituation aufgrund von Bewältigungsversuchen und Zugewinn von neuen Ressourcen verändern. Dieser Rückkopplungsprozess verdeutlicht, dass die Wechselseitigkeit zwischen Umwelt und Person sich ständig verändert. [14]

---

[14] Vgl. Seiffge-Krenke/Lohaus,2007, S. 21f

2.4.2. Das reizzentrierte Stressmodell nach Dohrenwend

Bei diesem Stressmodell des amerikanischen Psychologen und Epidemiologen Bruce P. Dohrenwend aus dem Jahr 1974 wird ein Reiz als Stimulus oder Stressor gesehen. Es wird angenommen, dass der Stressor als negativ bewertet wird und es somit automatisch zu einer Stressreaktion kommt. Der Fokus des reizzentrierten Stressmodells liegt auf Umweltstressoren in unterschiedlichem Ausmaß. Daraus folgt, dass bei dem reizzentrierten Modell verschiedene Situationen oder Reize bzw. externe Anforderungen und Belastungen als „Stress" bezeichnet werden. Typische Stressoren sind sensorische Reize wie zum Beispiel zu helles Licht oder Lärm, Deprivation von notwendigen Dingen wie zum Beispiel Schlafenentzug oder Nahrungsentzug, Überforderung wie Arbeit, Schule, Zeitdruck oder zu geringe Fachkompetenz, schlechtes Arbeitsklima im Job, Konflikte im Privatleben wie zum Beispiel Familie, Partnerschaft, Existenzsorgen und kritische Lebensphasen wie die Pubertät oder die Pensionierung. Aber auch bedeutende Lebensereignisse werden als Stressoren gesehen wie zum Beispiel Hochzeit, Beförderung im Job oder die Geburt eines Kindes.[15,16]

Bei einer reizbezogenen Stresskonzeption wird angenommen, dass alle Menschen auf dieselbe Weise auf verschiedene Lebensereignisse reagieren. Diese Anforderung des Modells wird sehr stark kritisiert, da das Modell unterschiedliche Stressreaktionen auf gleiche Ausgangsbedingungen nicht ausführen kann. Eine weitere Vernachlässigung des Modells ist, dass Bewertungsprozesse und Bewältigungskompetenzen nicht beachtet werden.[17]

---

[15] Vgl. Hornung/Lächler, 2006, S. 273f
[16] Vgl. Küttel-Künzle,Yvonne; Stüssi-Karlsson, Ann-Christin: Stressmanagementtraining mit dem Zürcher Ressourcen Modell. Eine Studie über die Effekte eines ressourcenaktivierenden Stressmanagementtrainings auf die neuroendokrine Stressreaktion. Empirische Litentiatsarbeit. Zürich 2005, S. 30
[17] Vgl. Seiffge-Krenke/Lohaus, 2007, S. 20

2.4.3. Das reaktionszentrierte Stressmodell nach Selye

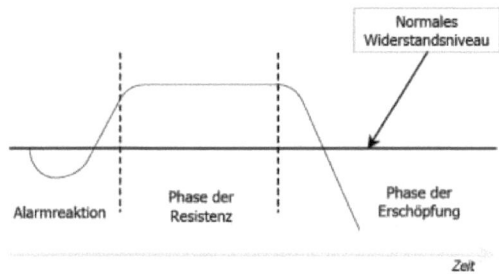

Abb. 5: Das reaktionszentrierte Stressmodell von Selye

„Stress ist die unspezifische Reaktion des Organismus auf jede Anforderung"[18]

Bei diesem Modell des österreichischen Mediziners Hans Selye aus dem Jahr 1975 steht die Stressreaktion der Person im Mittelpunkt, Stress wird als „abhängige Variable" als psychophysischer Zustand definiert, bei dem die Selbstregulation nicht richtig funktioniert. Bei diesem Modell wird Stress als eine unspezifisch ausgelöste Reaktion auf bestimmte Anforderungen definiert. Verschiedenste Stressoren wie z.b. Hitze und Kälte oder Freude und Trauer haben verschiedene Effekte, aber lösen identische biologische Veränderungen aus, welche eine Adaption an die Anforderungen möglich machen. Bei diesem Modell ist es nicht entscheidend, ob es sich um einen positiven oder negativen Reiz handelt, es geht nur darum, in welchem Ausmaß die Anpassungsfähigkeit des Körpers benötigt wird. Der Begriff „Notfallreaktion" spielt eine bedeutende Rolle, sie wird vom Hypothalamus über den Sympaticus gesteuert, sie sorgt in Gefahrensituationen für schnelle Energiezufuhr für einen Kampf oder eine Flucht. Eine Auswirkung davon kann sein, dass die Herzfrequenz ansteigt, die Sauerstoffversorgung gesteigert wird, ins Gehirn und in die Leber mehr Blut zugeführt wird und von der Leber mehr Glukose ausgeschüttet wird. Dazu kommt, dass Abwehrkräfte aufgrund der Notfallreaktion verbessert werden. Das Modell setzt voraus, dass es sich bei einer Stressreaktion um ein bereits bekanntes Reaktionsmuster handelt, damit der Organismus die Gefahrensituation optimal bewältigen kann. Wird eine Notfallreaktion zu einem andauernden Zustand, verliert der Körper die Möglichkeit, zum normalen Zustand zurück-

---

[18] Steinbach, Herlinde: Gesundheitsförderung: ein Lehrbuch für die Pflege- und Gesundheitsberufe. Wien: facultas.wuv 2007, S. 95

zukehren. Dies kann zu physischen sowie psychischen Störungen und Organerkrankungen führen. Ein reaktionsorientiertes Stressmodell allein reicht nicht aus, um die komplizierten Prozesse von Stress zu erklären.[19]

Beispiel für eine Stressreaktion:

> „Eine so genannte Stressreaktion sieht biochemisch und endokrinologisch folgender-maßen aus: Ein Stressor wirkt auf einen Organismus und ruft einen unspezifischen Reiz hervor (Nervenimpuls, Freisetzen einer chemischen Substanz). Mit der Reaktion des Körpers wird auch der Hypothalamus aktiviert, was zur Ausschüttung des adrenokorti-cotropen Horomons ACTH führt. Im Blutkreislauf verursacht dieses Hormon die Aus-schüttung von Glucokorikoiden wie etwa Kortisol. Damit wird eine Energiequelle für die Anpassungsreaktion erzeugt. Gleichzeitig wird Adrenalin freigesetzt, wodurch Puls und Blutdruck erhöht, die Zirkulation in der Muskulatur verbessert und die Blutgerinnung beschleunigt (Schutz vor Blutungen) werden. Diese Wirkungskette wird durch Biofeed-back-Mechanismen kontrolliert."[20]

---

[19] Vgl. Seiffge-Krenke/Lohaus, 2007, S. 20f
[20] Steinbach, 2007, S. 95

3. Stress bei Kindern und Jugendlichen

In diesem Kapitel soll aufgezeigt werden, welchen stressbedingten Situationen Kinder und Jugendliche ausgesetzt sind. Die auftretenden stressauslösenden Faktoren und Folgen, welche während der Kindheit und Jugend auftreten, sollen thematisiert werden.

3.1. Stressoren im Kindes- und Jugendalter

Familiäre Aspekte, Pubertät, Probleme in der Schule, Geld, Freunde, Zeitdruck, verschiedenste Konflikte mit nahestehenden Mitmenschen und Zukunftsprobleme sind in der Kindheit und Jugend bedeutende Stressoren. Die folgende Grafik zeigt, wie vielfältig die Stressfaktoren für Kinder und Jugendliche sind.

Abb. 6: Stressoren für junge Menschen

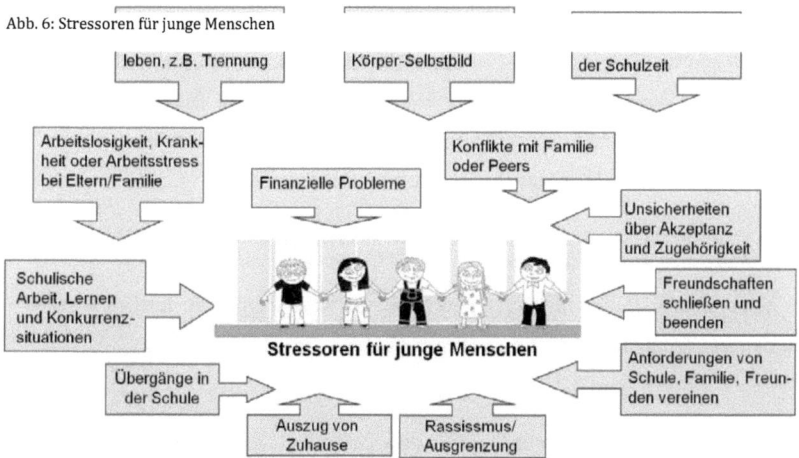

Nicht nur Erwachsene empfinden Stress, sondern auch Kinder und Jugendliche werden im täglichen Leben mit Stress konfrontiert. Man kann diese stressauslösenden Faktoren in vier Kategorien unterteilen: in physische Stressfaktoren, psychische Stressfaktoren, soziale Stressfaktoren und chemische Stressfaktoren.

3.1.1. Physische Stressfaktoren

Zu den körperlichen Stressfaktoren zählen vor allem Überbelastung aufgrund von zu wenig Ruhepausen oder Unterforderung wegen zu wenig Bewegung. Krankheiten, welche mit Schmerzen verbunden sind, lösen ebenfalls schnell Stress aus. Für Jugendliche ist die erste physische Belastung die Pubertät, sie müssen körperliche Veränderungen hinnehmen und lernen damit umzugehen, denn nicht alle Jugendlichen haben zum selben Zeitpunkt dieselbe Veränderung und somit werden oft Jugendliche, die sich nicht zum gleichen Zeitpunkt und nicht auf dieselbe Art wie die anderen entwickeln, ausgegrenzt.[21]

3.1.2. Psychische Stressfaktoren

Psychische Stressoren spielen im Kindes- und Jugendalter eine besonders große Rolle, denn der Alltag von vielen Kindern und Jugendlichen wird von Zeitmangel und Leistungsdruck geprägt. Dazu können schlechte Noten kommen. Sie sind für Kinder eine große Belastung, denn Lehrer und Eltern reagieren oft unachtsam, und der Leistungsdruck wird für Kinder und Jugendliche noch zusätzlich verstärkt. Sie haben in dieser Phase oft Angst vor dem Versagen und Minderwertigkeitsgefühle.[22]

> „Der wohl bedeutsamste Faktor für kindlichen Stress dürfte eine instrumentelle, auf Leistung und mehr noch auf Erfolg orientierte Erziehungspraxis sein"[23]

Aber nicht nur die Schule selbst kann eine Belastung sein, sondern auch zu viele Freizeitaktivitäten können zu einer Überbelastung führen.[24]

> „Die Schule ist für die Kinder nicht zum Lachen; denn wenn sie sie leicht nehmen, sich ihr gegenüber so verhalten, wie es ihren Wünschen Bedürfnissen entspricht, kriegen sie es mit den Eltern, den Lehrern und in Extremfällen mit der Polizei zu tun. Im Laufe der

---

[21] Vgl. Biener, Kurt: Streß. Epidemiologie und Prävention. Bern: 1990, S.91f
[22] Vgl. Biener, 1990, S. 91f
[23] Dpa: Viele Eltern nehmen Kinderstress kaum wahr. URL:
http://www.faz.net/aktuell/feuilleton/familie/studie-viele-eltern-nehmen-kinderstress-kaum-wahr-13667667.html [Stand: 05.12.2015]
[24] Vgl. Jung, Stephanie; Schmid, Jutta; Seeger, Alexander: Stressverhalten bei Kindern. URL:
http://www.kindergaerten-in-aktion.de/praxis-alltag-in-kindertageseinrichtungen/stress-und-entspannung/stressverhalten-bei-kindern-1#section-5 [Stand: 05.12.2015]

Schulzeit verlagert sich der Konflikt immer mehr nach innen, ohne damit aber aus der Welt zu sein. Unter der Oberfläche schwelt er weiter, durchzieht er die ganze Schüler-persönlichkeit. Die verdrängte Seite der Persönlichkeit fordert langfristig ihren Tribut, der erlebte Mangel ist ständig gegenwärtig: in der Angst, die total geworden ist; in der versteckten oder offenen Aggression; in dem Konsum von Drogen und Bergen von Sü-ßigkeiten; in dem fortschreitenden Verfall der Lern- und Leistungsbereitschaft."[25]

Nicht nur die Schule und diverse Freizeitaktivitäten, wie zum Beispiel im sportlichen oder kreativen Bereich, sind oft beträchtliche Stressfaktoren für Kinder und Jugendliche, sondern auch moderne Medien können in übermäßigem Konsum zu einem Stressor werden. Die ständige Verfügbarkeit und der permanente Kommunikationsdruck sind für Kinder und Jugendliche eine immense Belastung.[26]

3.1.3. Soziale Stressfaktoren

Im Kindes-und Jugendalter hat das familiäre Umfeld eine große Bedeutung. Es soll für Kin-der und Jugendliche ein Gefühl von Sicherheit, Schutz und Geborgenheit liefern und ist so-mit für die erfolgreiche Entwicklung sehr wichtig. Jedoch kann die Familie auch zu einem stressauslösenden Faktor werden. Ein „Strukturwandel der Institution Familie" kann für Kinder als eine sehr starke psychische und soziale Belastung empfunden werden. Oft ist es ein Problem, dass Eltern ihren Kindern ihre Trennung sehr spät mitteilen und die Kinder sich somit nicht auf die neue Situation einstellen können. Eine Folge einer Trennung kann durchaus auch ein Wohnortwechsel sein, was für ein Kind eine sehr große Veränderung in seinem Leben ist, denn auch sein soziales Umfeld wird verändert. Nachdem Kinder von der Trennung ihrer Eltern erfahren, sind sie meist sehr erschüttert und weisen ein auffälliges, oft sogar gestörtes Verhalten auf. Eine weitere Belastung, die eine Trennung mit sich brin-gen kann, ist, dass sich getrennte Elternteile oft schnell neu binden und fremde Personen in die neue Familienstruktur eingebunden werden.[27]

---

[25] Rosemann, Hermann: Kinder im Schulstreß. Die Krankheit, die Schule heißt. Frankfurt am Main: Fischer Taschenbuch Verlag 1987, S. 7
[26] Wilkens, Andreas: "Permanenter Kommunikationsdruck": Smartphones stressen Kinder. URL: http://www.heise.de/newsticker/meldung/Permanenter-Kommunikationsdruck-Smartphones-stressen-Kinder-2835852.html [Stand: 17.01.2016]
[27] Vgl. Höber, Janice: Stress und Stressbewältigung bei Kindern und Jugendlichen. Zwischenprüfungsarbeit. Potsdam 2003, S. 4f

Ein weiterer sozialer Stressfaktor für Kinder ist in einer neuen Gemeinschaft ihren richtigen Platz zu finden und in manchen Fällen auch zu lernen, sich unterzuordnen. Bestenfalls entstehen die ersten richtigen Freundschaften, doch es gibt immer wieder Fälle, dass Kinder sich untereinander nicht akzeptieren. Dies kann bei einem Kind zu enormen Stresssituationen führen.[28]

Im Jugendalter hingegen werden Freunde, mit denen man sich über Probleme unterhalten kann, Erfahrungen ausstauchen kann und sich somit emotionalen Beistand holt, immer wichtiger. Derartige Gruppen von Gleichaltrigen werden auch als „Peer-Groups" bezeichnet. In solchen Gruppen ist es sehr wichtig, gleich wie alle anderen zu sein, denn sonst kann es leicht sein, dass man von der Gruppe verstoßen wird. Dieser Konformitätsdruck wird üblicherweise von Jahr zu Jahr weniger. Aus diesen „Peer-Groups" entstehen oft Zweierbeziehungen als Freundschaften. Diese Beziehung gibt den Jugendlichen durch Verständnis, Vertrauen und Verlässlichkeit Kraft in problematischen Situationen. In dieser Phase des Jugendalters ist es wichtig zu lernen, Freundschaften zu schließen, aber auch falsche zu beenden. Dies führt oft zu enormen Stresssituationen.[29]

3.1.4. Chemische Stressfaktoren

Chemische Stressfaktoren, wie zum Beispiel Passivrauchen, können bereits bei Säuglingen vorkommen. Im Kindes- und Jugendalter sind es eher Stressoren wie zum Beispiel illegaler oder legaler Drogenkonsum oder ein beträchtlicher Konsum von Medikamenten.[30]

3.2. Stresssymptomatik bei Kindern und Jugendlichen

Die Stresssymptomatik bei Kindern und Jugendlichen ist vielfältig. Die folgende Tabelle aus einer Studie von Lohaus, Beyer und Klein-Heßling aus dem Jahr 2004 zeigt, wie viel

---

[28] Vgl. Höber, 2003, S. 4f
[29] Vgl.Höber, 2003, S. 4f
[30] Vgl. Jung, Stephanie; Schmid, Jutta; Seeger, Alexander: Stressverhalten bei Kindern. URL: http://www.kindergaerten-in-aktion.de/praxis-alltag-in-kindertageseinrichtungen/stress-und-entspannung/stressverhalten-bei-kindern-1#section-5 [Stand: 05.12.2015]

Prozent der untersuchten Elf- bis Fünfzehnjährigen welche Symptome in der vorange-
gangenen Woche an sich bemerkt haben.

| | In der vergangenen Woche ... | | | |
	keinmal	einmal	mehrmals	jeden Tag
Kopfschmerzen	45.5	32.2	20.1	2.2
Unruhe	33.2	31.6	30.9	4.3
Schwindel	66.5	19.9	11.9	1.7
Schlaflosigkeit	45.7	26.6	22.9	4.8
Bauchschmerzen	61.8	23.9	12.7	1.6
Unkonzentriertheit	40.5	27.7	28.7	3.0
Herzklopfen	66.4	18.4	12.5	2.7
Händezittern	69.9	17.6	10.5	2.0
Übelkeit	68.4	22.1	9.0	0.6
Appetitlosigkeit	62.0	19.2	16.8	2.1
Schweißausbrüche	65.9	14.9	16.6	2.7
Alpträume	79.5	14.1	5.6	0.8
Atembeschwerden	82.8	10.1	5.3	1.7

Abb. 7: Symptome von Stress

Stresssymptome können sich auf verschiedenen Ebenen zeigen: auf der physiologisch-
vegetativen Ebene, der kognitiv-emotionalen und verhaltensbezogenen Ebene. Diese
Stresssymptome können kurzfristige Reaktionen auf ein stressreiches Ereignis, wie zum
Beispiel Herzklopfen oder andauernde Folgen einer Belastung, wie zum Beispiel psychosomatische Beschwerden, sein. Im Folgenden werden die Symptome auf den drei Ebenen
näher beschrieben. In der Praxis kann sich eine Stressbelastung auf mehreren Ebenen zur
selben Zeit zeigen.

3.2.1. Die physiologisch-vegetative Ebene

Ein beträchtlicher Teil von Kinder und Jugendlichen leidet unter regelmäßigen psychoso-
matischen Beschwerden. Das größte Leiden für Kinder und Jugendliche ist die Müdigkeit
und die Erschöpfung. 24,9% fühlen sich mehrmals in der Woche ausgelaugt und müde. Ein
weiteres Symptom sind Einschlafschwierigkeiten, welche bei 15,7% der Elf- bis 15-Jährigen
fast täglich auftreten. Kopfschmerzen, Bauchschmerzen und Rückenschmerzen sind die
häufigsten Symptome bei Kindern und Jugendlichen. Schüler, die unter einer höheren Belas-

23

tung durch Schulstress stehen, leiden öfters an Symptomen wie Kopfschmerzen, Unterleibs-schmerzen, Rückenschmerzen oder Schwindel als Schüler, welche weniger Belastung durch die Schule verspüren.[31]

3.2.2. Die kognitiv-emotionale Ebene

Auf der kognitiv-emotionalen Ebene werden durch das Aufeinandertreffen mit einem Stres-sor belastende Gedanken und Gefühle hervorgerufen. Psychische Stresssymptome wie Ge-reiztheit und schlechte Laune sind für viele Kinder und Jugendliche schon fast alltäglich. Aber auch Nervosität ist für einige Kinder und Jugendliche ein wöchentlich auftretendes Leiden. Im Allgemeinen verspüren 5,1% der Kinder und Jugendlichen täglich oder mehr-mals die Woche ein schlechtes Gefühl.[32]

3.2.3. Die verhaltensbezogene Ebene

Die verhaltensbezogene Ebene weist Stresssymptome wie zum Beispiel körperliche Unruhe, Konzentrationsschwierigkeiten und Veränderungen des Sozialverhaltens auf. Wenn Kinder und Jugendliche überlastet sind, äußert sich dies oft als Lern- und Leistungsstörungen. De-linquenz, Dissozialität, Aggression und Gewalt gegen andere Personen und sich selbst sind im Kindes- und Jugendalter weit verbreitet. Auf physiologisch-vegetativer und kognitiv-emotionaler Ebene werden Symptome nur subjektiv wahrgenommen, auf der verhaltensbe-zogenen Ebene hingegen werden die Symptome von Stress sichtbar.[33]

---

[31] Vgl. Seiffge-Krenke/Lohaus, 2007, S.178
[32] Vgl. Seiffge-Krenke/Lohaus, 2007, S.179
[33] Vgl. ebenda, S.177f

3.3. Folgen von Stress bei Kindern und Jugendlichen

Die negativen Folgen von Stress sind bei Kindern und Jugendlichen ziemlich ähnlich wie bei Erwachsenen, jedoch kann es sein, dass die Folgen bei ihnen verstärkt sind, da sie ihre Entwicklung noch nicht vollkommen abgeschlossen haben. Bei Erwachsenen kann es bei dauerhaftem Stress zu schweren Krankheiten wie zum Beispiel Diabetes, Magen-Darm-Geschwüren, Asthma und Bluthochdruck kommen. Bei Kindern und Jugendlichen kann es bei andauerndem Stress zu Krankheiten wie zum Beispiel Essstörungen und Herz-Kreislaufproblemen kommen, vor allem löst Stress psychosomatische Erkrankungen aus, wie Schlafstörungen, Depressionen, Kopfschmerzen, Magen-Darm-Probleme, Konzentrationsschwierigkeiten, Allergien, Bronchitis und Asthma. Gestresste Kinder und Jugendliche sind anfälliger für Krankheiten als Kinder, welche ausgeglichen sind. Eine andere Folge von Stress kann die Drogensucht sein, welche vermehrt bei Jugendlichen auftritt.[34]

> „Wer erhöhtem Stress ausgesetzt ist und nicht weiß, wie er damit umgehen soll, der sucht sich oft ein Ventil, um den starken Druck loszuwerden. Alkohol und Drogen aller Art stellen genau solche Ventile dar, derer sich heute schon die Jüngsten bedienen und eine Art „Flucht vor dem Leben – Flucht aus dem Stress" ist."[35]

Jedoch kann Stress nicht nur negative Folgen haben, sondern auch positive, denn manche Stresssituationen kann man auch als Herausforderung sehen und sie mit den benötigten Bewältigungsmechanismen bezwingen.

---

[34] Vgl. Hirling, Hans: Stress und die Folgen bei Kindern & Jugendlichen. URL: http://www.praxis-jugendarbeit.de/jugendarbeits-blog/25-Stress-bei-Kindern-Jugendlichen.html [Stand: 15.12.2015]
[35] Hirling, Hans: Stress und die Folgen bei Kindern & Jugendlichen. URL: http://www.praxis-jugendarbeit.de/jugendarbeits-blog/25-Stress-bei-Kindern-Jugendlichen.html [Stand: 15.12.2015]

4. Coping

Stress lässt sich nicht vermeiden, zu viel Stress ist schlecht für den Menschen, daher muss man lernen, mit Stress umzugehen und ihn zu bewältigen. Alle Mittel, welche der Bewältigung dienen, werden in der Psychologie mit dem Begriff Coping zusammengefasst. Im Folgenden werden die wichtigsten Bewältigungsformen und Bewältigungsstrategien erklärt.

> „Bewältigung (Coping) bezieht sich auf den Versuch, den Anforderungen unserer Umwelt so zu begegnen, daß negative Konsequenzen vermieden werden (Lazarus & Folkman 1984). Es gibt viele verschiedene Techniken der Bewältigung, von denen einige für bestimmte Personen in bestimmten Situationen effektiver sind als andere."[36]

4.1. Bewältigungsformen

Jede Stresssituation ist verschieden, somit benötigt man auch eine individuell passende Bewältigungsform. Diese Bewältigungsformen sind reaktives Coping, antizipatorisches Coping, präventives Coping und proaktives Coping. Jede Bewältigungsform hat einen anderen Grundgedanken, welcher in Stresssituationen helfen sollte.

4.1.1. Reaktives Coping

Die reaktive (rückwirkende) Bewältigung ist für bereits vorgefallene Geschehnisse, welche wieder ausgeglichen werden müssen, zuständig. Stressereignisse wie zum Beispiel Scheidung der Eltern, Arbeitslosigkeit oder Ablehnung der ersten großen Liebe erfordern von Kindern und Jugendlichen eine reaktive Bewältigungsform.[37]

---

[36] Zimbardo, 1995, S. 587
[37] Krenn, Cornelia: Stressbewältigung bei Kindern und Jugendlichen. Bakkalaureatsarbeit. Graz 2009, S.6

4.1.2. Proaktives Coping

Bei der proaktiven (im Voraus wirkenden) Bewältigung werden für zukünftige Stresssituationen Maßnahmen getroffen, es werden benötigte Wiederstandsressourcen aufgebaut. Bei
dieser Bewältigungsform ist es wichtig, dass Kinder und Jugendliche ein Verlangen haben,
um Herausforderungen zu bewältigen und unzufriedenstellende Lebensumstände durch
motiviertes und gezieltes Handeln zu verändern. Wichtig für diese Bewältigungsform ist
eine optimistische Denkweise. Man sollte dabei ständig nach Verbesserungen streben, um
die eigene Leistungsfähigkeit zu steigern. Kinder und Jugendliche haben in manchen Abschnitten ihrer Kindheit und Jugend Phasen, in denen sie besonders motiviert sind, sich für
die Schule zu engagieren, um herausragende Leistungen abzuliefern und keine negative
Rückmeldung zu bekommen.[38]

4.1.3. Antizipatorisches Coping

Bei der antizipatorischen (vorwegnehmenden) Bewältigungsform geht es darum, für kurz
bevorstehende Belastungen Bewältigungsstrategien aufzubauen. Anwendung findet das
antizipatorische Coping bei Kindern und Jugendlichen zum Beispiel bei einer Prüfung, auf
die man sich im Vorhinein vorbereiten kann oder bei einer angekündigten Stellenkürzung.[39]

4.1.4. Präventives Coping

Beim präventiven (vorbeugenden) Coping werden Bewältigungsressourcen für womöglich
eintretende Stresssituationen erzeugt. Es ist zwar ungewiss, ob diese Situation jemals ein-
treten wird, aber für den Fall der Fälle sind ausreichend Bewältigungsstrategien vorhanden.

---

[38] Vgl. ebenda, S.7
[39] Vgl. ebenda S.6

Präventives Coping kommt zum Beispiel in folgender Situation zur Anwendung: Kinder und Jugendliche haben oft Angst davor, alleine zuhause zu bleiben. Sie fürchten sich davor, dass jemand in ihr gewohntes Umfeld einbricht oder ihnen etwas antut.[40]

4.2. Stressbewältigungsstrategien

Für jede Stresssituation wird eine andere Stressbewältigungsstrategie benötigt. Diese Strategien können zwei Typen zugeordnet werden, entweder steht das Problem im Vordergrund oder man versucht Gefühle und Emotionen zu verändern.

4.2.1. Problemzentriertes Coping

Bei der problemzentrierten Bewältigung, auch instrumentelles Coping genannt, geht es vordergründig um den direkten Umgang mit dem betroffenen Stressor. Dies kann durch offenes Handeln oder auch durch realistische kognitive Aktivitäten im Bezug auf das Problem geschehen. Bei dieser Strategie konzentriert man sich voll und ganz auf das Problem und auf die Dinge, welche den Stress ausgelöst haben. Betroffen sind in diesem Fall Stressoren wie zum Beispiel Lärm oder viele Termine. Eine problemzentrierte Bewältigungsstrategie ist zum Beispiel, sich etwas zu überlegen, wie man die Bedrohung bekämpfen oder verringern könnte.[41,42]

> „Wenn eine Klassenarbeit angekündigt wird, könnte ein Schüler beispielsweise auf den Gedanken kommen, einen Mitschüler zu bitten, ihm den Unterrichtsstoff noch einmal zu erklären, weil er etwas nicht richtig verstanden hat. Diese Strategie geht das Problem, etwas nicht richtig verstanden zu haben, direkt an. Sie hilft dem Schüler unmittelbar, die angekündigte Klassenarbeit besser zu bewältigen, und kann daher als problemorientiert bezeichnet werden. Der Schüler könnte bei der Ankündigung der Klassenarbeit auch bemerken, dass in ihm schon Ängste hochsteigen. Wenn er nun versuchen würde, sich zu entspannen, um die eigene Angst zu senken, würde dies als emotionsorientierte Strategie gelten: Der Schüler versucht, seine Emotionen in den Griff zu bekommen, ohne mit dem eigentlichen Problem zu arbeiten"[43]

---

[40] Vgl. ebenda, S.7
[41] Vgl. Zimbardo, 1995, S. 587
[42] Vgl. Seiffge-Krenke/Lohaus, 2007, S.177f
[43] Lohaus, Arnold; Domsch, Holger; Fridrici, Mirko: Stressbewältigung für Kinder und Jugendliche. Heidelberg: Springer Medizin Verlag 2007, S. 54f

4.2.2. Emotionszentriertes Coping

Die emotionszentrierte Bewältigung, auch palliatives Coping genannt, beschäftigt sich mit der Regulation von Gefühlen. Die Intention der emotionszentrierten Bewältigungsmethode ist die Abschwächung der emotionalen Auswirkungen von Stress. Diese Strategie wird auch als Emotionsregulation benannt. Der Organismus versucht, die Emotionen und Gefühle, welche mit der betroffenen Stresssituation zusammenhängen, zu verdrängen. Bei dieser Methode werden vor allem Stressreaktionen wie zum Beispiel Angstreaktionen und Ärgerreaktionen unterdrückt. Emotionszentrierte Bewältigungsstrategien sind Aktivitäten, welche den Körper verändern, wie zum Beispiel die Einnahme von gesundheitsschädigenden Substanzen oder Entspannungtraining, aber auch kognitive Aktivitäten wie zum Beispiel geplante Ablenkung, Phantasien oder Gedanken über die eigene Person. Ein Beispiel für eine emotionszentrierte Bewältigungsmethode ist der Versuch eines Schülers, sich zu entspannen, um die Angst vor einer Prüfung zu verringern und seine Emotionen in den Griff zu bekommen.[44,45]

4.3. Stressbewältigung bei Kindern und Jugendlichen

Im Kindes- und Jugendalter gibt es verschiedene Ansatzmöglichkeiten zur Stressbewältigung. Eine Möglichkeit ist, dass man dem betroffenen Kind beziehungsweise dem Jugendlichen bei der Stressbewältigung Beistand leistet. Eine andere Möglichkeit ist, die Stresssituation, in welcher sich das Kind beziehungsweise die Jugendliche befindet, so zu verändern, dass der Stress vermindert wird. Eine weitere Stressbewältigungsmethode ist, die Stresssituation als Herausforderung zu sehen und mithilfe von Anti-Stress Gedanken Stress zu vermindern.

---

[44] Vgl. Zimbardo, 1995, S. 587
[45] Vgl. Seiffge-Krenke/Lohaus, 2007, S.177f

4.3.1. Veränderung der Stresssituation

Für Kinder und Jugendliche gibt es unzählige Stressauslöser, welche aber oft nicht von der Person selbst ausgehen, sondern von unpassenden Bedingungen in manchen Situationen, wie zum Beispiel andauernder Verkehrslärm, welcher die Konzentrationsfähigkeit von Kindern und Jugendlichen oft stört. Bestenfalls sollte ein Ort für Kinder und Jugendliche vorhanden sein, an dem sie sich entspannen können, aber auch ein ruhiger Ort für Hausaufgaben sollte jederzeit nutzbar sein. Aber nicht nur das gewohnte Umfeld, sondern auch die Schule kann zur Stressreduktion beitragen. Ebenso wie zu Hause sollten auch in der Schule Rückzugszonen vorhanden sein, in die sich Kinder und Jugendliche für kurze Zeit zurückziehen können. Ein großes und schülerfreundlich gestaltetes Schulgelände ist außerdem sehr wichtig, denn ein geräumiges Schulgelände bietet mehr Raum zum Wohlfühlen, und somit werden Konflikte mit anderen Schülern vermieden. Aber nicht nur die Schulumgebung ist von großer Bedeutung, sondern auch die Unterrichtsgestaltung, denn eine Unterrichtsstunde ohne Entspannungsphasen ist für Kinder und Jugendliche eine enorme Stressbelastung. Es sollte auf jede Belastungsphase eine Entspannungsphase folgen. Vor allem in den ersten Schuljahren ist es für Kinder sehr wichtig, mit spielerischen Elementen zu lernen, denn für viele Schulanfänger ist es sehr schwierig sich eine ganze Stunde lang konzentrieren zu können. Freizeitaktivitäten sind für Kinder und Jugendliche sehr wichtig, doch diese Zusatzangebote sollten für Erholung und spontane Aktivitäten genug Zeit lassen. Denn viele Kinder haben bereits in den ersten Schuljahren einen gedrungenen Terminplan für Freizeitaktivitäten und daneben bleibt selten genug Zeit für unbeschwertes Spielen. Das Spielen für Kinder ist sehr wichtig, denn es hat einen sehr großen Erholungswert, da es keinen Plan gibt und frei von Zwängen und Druck ist.[46]

„Im Bereich von Familie, Schule und Freizeit sollten die situativen Bedingungen so beschaffen sein, dass die Grundbedürfnisse von Kindern befriedigt werden. Zu wenig Schlaf in der Nacht und zu wenige Erholungsphasen am Tag können dazu beitragen, dass es schneller zu Überforderungen kommt. Ähnliches gilt, wenn keine regelmäßigen Mahlzeiten stattfinden. Ein Schüler, der ohne Frühstück in den Unterricht geht, wird schneller unkonzentriert, kann weniger gut dem Unterricht folgen und wird schneller Leistungsdefizite zeigen. Längerfristig besteht dadurch die Gefahr von Stressreaktionen, da es durch wiederholte Konzentrationsprobleme zu Lernrück-

---

46 Vgl. Lohaus/Domsch/Fridrici, 2007, S. 48f

ständen kommen kann, die dem Kind bzw. Jugendlichen zunehmend Probleme bereiten können. Die äußeren Bedingungen sollten also optimale Grundvoraussetzungen zum Umgang mit Anforderungen bieten."[47]

4.3.2. Stressbewältigung durch das Kind/den Jugendlichen selbst

Die folgende Abbildung zeigt einen Teil des bereits bekannten Lazarus Bewältigungsmodells, jedoch ist sie durch mögliche Stressbewältigungsmethoden ergänzt worden.

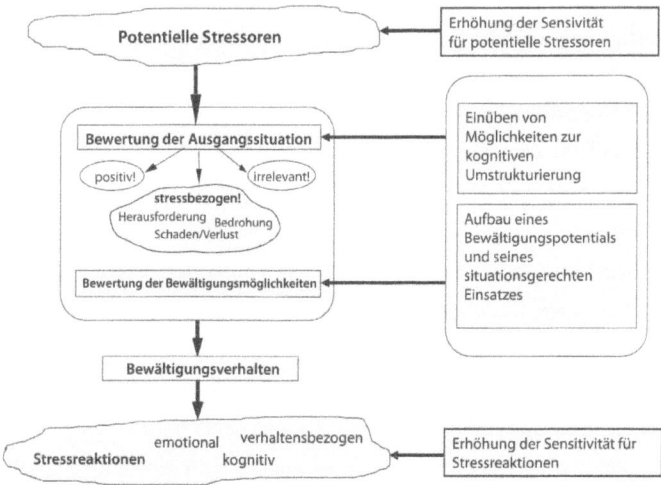

Abb. 8: Stressbewältigungsmethoden

Für die Bewältigung von Stresssituationen ist es von großer Bedeutung, dass man Überlastungssignale und stresserzeugende Bedingungen möglichst bald erkennt, aber auch eine adäquate Bewertung und ein ausreichendes Bewältigungspotential sind wichtige Voraussetzungen zur Stressbewältigung. In stresserzeugenden Situationen haben viele Kinder und Jugendliche Gedanken, welche nicht besonders vorteilhaft für die Stressbewältigung sind, wie zum Beispiel „Das schaffe ich nie.", „Bei mir geht sowieso immer alles schief", oder „O nein, das schaffe ich nie! Die Arbeit geht sowieso daneben, da muss ich gar nicht anfangen." Derartige Gedanken verstärken den Stress, hingegen können

---

[47] Vgl. ebenda, S. 49

positive Selbstinstruktionen wie zum Beispiel „Erst mal ruhig durchatmen. Und dann lese ich die Aufgabenstellung durch.", „Ich schaffe das schon." oder „Ich bin gut drauf, also wird es schon gelingen." die Stresssituation und die Problemlösung erleichtern. Diese Anti-Stress-Gedanken bewirken, dass Kinder und Jugendliche oft Stresssituationen nicht als eine Bedrohung, sondern als eine Herausforderung wahrnehmen. Ein gestärktes Selbstkonzept von Jugendlichen und Kindern wirkt sich ebenso positiv auf die Stressbewältigung aus. Es ist sehr wichtig die Stärken hervorzuheben, indem sie gelobt und anerkannt werden.[48]

4.3.3. Soziale Unterstützung

Für Kinder und Jugendliche ist es sehr wichtig, Bezugspersonen zu haben, die für sie da sind und sie unterstützen. Im Kindesalter sind Bezugspersonen vor allem Eltern. Sie sind wichtige Vorbilder bezüglich der Stressbewältigung, denn wenn zum Beispiel die Eltern nie Erholungsmaßnahmen zur Stressbewältigung anwenden, wird das Kind dies auch nie nutzen. Aber auch Lehrer vermitteln den Kindern Stressbewältigungstechniken wie zum Beispiel Entspannungsübungen. Im Jugendalter werden Eltern als Bezugspersonen oft abgelehnt und durch Freunde ersetzt. Die Unterstützung der Eltern und Lehrer sollte zwar erhalten bleiben, aber der Jugendliche möchte in dieser Phase selbst entscheiden, wann und wie er diese nutzt. Bezugspersonen können bei Problemen mit dem Umgang von Stressreaktionen helfen und mit Verständnis und Zuspruch dem Kind beziehungsweise dem Jugendlichen das Gefühl vermitteln, nicht allein zu sein. Dies erleichtert es, diese schwierige Phase zu überwinden.[49]

---

[48]Vgl. ebenda, S. 50f
[49]Vgl. ebenda, S. 56f

5. Stressprävention

Das Wort Prävention leitet sich vom lateinischen Wort „praevenire" ab, was so viel bedeutet wie „zuvorkommen". Stressprävention ist der Versuch, gezielte Interventionsmaßnahmen einzusetzen, welche das Auftreten von Stress verhindern oder unwahrscheinlicher machen sollten. Das Ziel der Prävention ist es, mithilfe der Verdrängung von Risikofaktoren die Entstehung von Stress zu verhindern. In den folgenden Abschnitten werden verschiedene Möglichkeiten, Stress zu vermeiden, erläutert.

5.1. Ernährung

Für Kinder und Jugendliche ist eine vitaminreiche Ernährung sehr wichtig und auch die Art, wie gegessen wird, ist von Bedeutung, denn dies kann auch das Stressempfinden beeinflussen. Geregelte Mahlzeiten sind sehr wichtig, um Stress vorzubeugen. Kaffee sollte aufgrund des Koffeins vermieden werden, da man auf Koffein mit Unruhe reagiert und dies das Stressempfinden verstärken kann.

Viele Kinder und Jugendliche bekommen in Stresssituationen Heißhunger auf Süßigkeiten. Dies ist jedoch ein großer Fehler, denn Zucker wird im Körper besonders schnell abgebaut und führt dadurch zu einem Einbruch des Zuckerhaushaltes. Stattdessen sollten Kinder und Jugendliche Nahrungsmittel wie zum Beispiel Obst zu sich nehmen, denn Obst enthält Traubenzucker, welcher langsamer abgebaut wird. Außerdem können Zwischenmahlzeiten wie zum Beispiel Brot den Bedarf an Kohlenhydraten decken. Aber auch Wasser ist ein wichtiger Bestandteil der Ernährung, denn Wassermangel kann zu einer geistigen und körperlichen Leistungsunfähigkeit führen. Pro Kilogramm Körpergewicht sollten 30 bis 40 Milliliter Wasser pro Tag getrunken werden.

Eine gesunde Ernährung ist von großer Bedeutung, denn sie kann das Wohlbefinden auf längere Zeit erhöhen. Des Weiteren fördert sie das Immunsystem und liefert die passenden Energieformen. Somit führt eine gesunde Ernährung zu mehr Vitalität.[50]

---

[50] Vgl. ebenda, S. 112f

33

5.2. Schlaf

Schlafstörungen sind bei vielen Kindern und Jugendlichen ein großes Problem. Eine Ruhephase inklusive Entspannungsübungen vor dem Schlafengehen ist sehr wichtig, um sich auf den Schlaf vorzubereiten. Außerdem erleichtern festgesetzte Schlafzeiten das Einschlafen und bewirken einen erholsameren Schlaf. Durch Schlafdefizite wird die Stimmung verschlechtert, die Leistungsfähigkeit wird beeinflusst, die Konzentrationsfähigkeit nimmt ab und Stress bricht leichter aus. Besonders Kinder reagieren auf ein Schlafdefizit mit gestresstem Verhalten. Sie werden quengelig und überdreht. Kinder und Jugendliche benötigen durchschnittlich zwischen acht und zehn Stunden Schlaf.[51]

5.3. Hobbys

Hobbys sind für Kinder und Jugendliche von großer Bedeutung. Besonders Sport beugt Stress vor, denn er wirkt gegen Stressreaktionen und lenkt für eine kurze Zeit vom Alltagsgeschehen ab. Für Kinder ist es wichtig, dass sie genug Zeit bekommen, um sich ein passendes Hobby, welches ihnen gefällt, zu finden. Aber auch Freunde spielen eine bedeutende Rolle. Mit ihnen kann man sich austauschen und gemeinsam Probleme lösen, um Stress vorzubeugen. Gute Freunde bieten für Kinder und Jugendliche einen gewissen Schutz vor Mobbing und geben einander ein Gefühl der Zugehörigkeit.

Kinder und Jugendliche können mit einer ausgewogenen, gesunden Ernährung, mit ausreichend Schlaf, mit Entspannungsphasen, mit strukturierten Tages-und Monatsabläufen, mit angelernten Problemlösefähigkeiten, mit Zielsetzungen und Lernstrategien Stress vorbeugen und gelassen den oft anstrengenden Alltag bewältigen.[52]

---

[51] Vgl. ebenda, S. 116f
[52] Vgl. ebenda, S. 143f

6. Praktischer Teil: Fragebogenauswertung zum Thema „Stress- und Stressbewältigung bei Kindern und Jugendlichen" am MPG St. Rupert

In diesem Teil werden die Ergebnisse meiner Befragung, welche ich an einem Gymnasium am 20.01.2016 in vier Klassen durchgeführt habe, dargestellt. Es nahmen 27 Jugendliche im Alter von 15 bis 17 Jahren und 37 Kinder im Alter von zehn bis 13 Jahren teil. Davon waren 15 Kinder männlich, 22 weiblich, 13 Jugendliche weiblich und 14 männlich. Es wurden Stresssymptome und Bewältigungsmethoden abgefragt. Der Fragebogen befindet sich im Anhang dieser Arbeit.

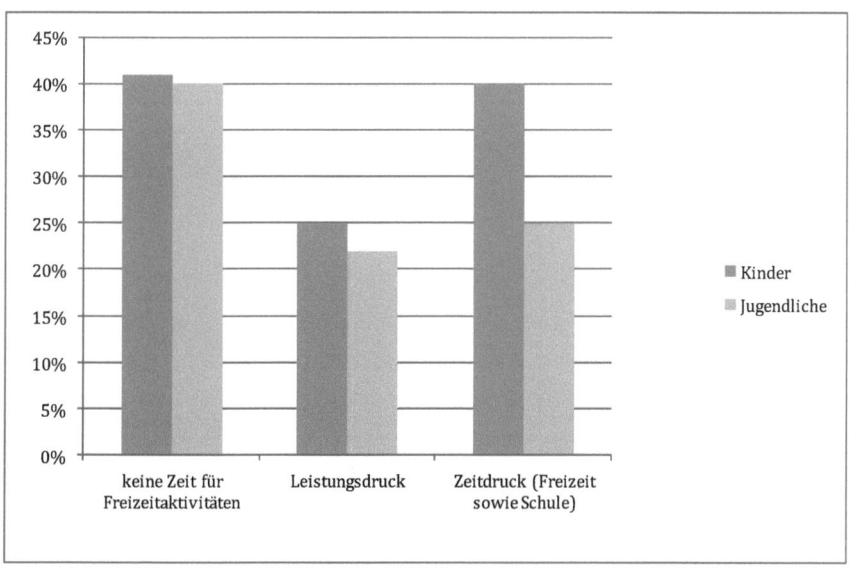

Abb. 9: Im Vergleich: Stressoren bei Kindern und Jugendlichen

Im ersten Teil des Fragebogens wurden Kinder und Jugendliche bezüglich oft auftretenden Stressoren befragt. Sowohl Kinder als auch Jugendliche gaben am häufigsten an, dass sie sich am stärksten gestresst fühlen, wenn sie keine Zeit für Freizeitaktivitäten haben, um sich zu entspannen. 40 Prozent der Kinder gaben an, dass sie sich sehr gestresst fühlen, wenn sie unter enormem Zeitdruck stehen. Hingegen gaben nur 25 Prozent der Jugendlichen an, dass sie sich bei zeitlichem Druck gestresst fühlen. Der Grund dafür könnte sein, dass Jugendliche einen gewissen Zeitdruck schon gewohnt sind und besser damit umgehen können. Der dritte Hauptstressor in der Kindheit und Jugend ist der Leistungsdruck. Hier gaben Jugendliche und Kinder beinahe gleich oft an, Stress zu empfinden. 25 Prozent der Kinder und 22 Prozent der Jugendlichen gaben, an, aufgrund von Leistungsdruck Stress zu empfinden.

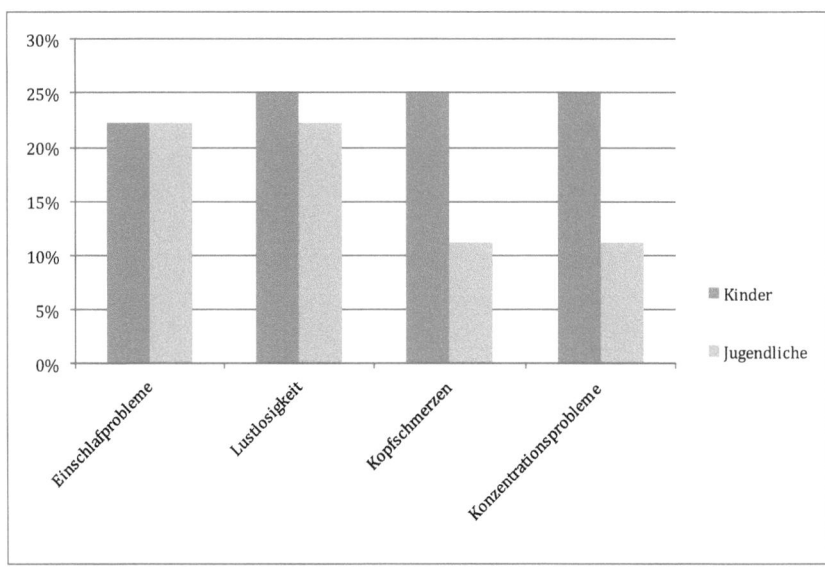

Abb. 10: Im Vergleich: Stresssymptome bei Kindern und Jugendlichen

Im zweiten Teil der Befragung wurden Stresssymptome, welche bei andauerndem Stress auftreten, erhoben. Die meist angegebenen Symptome waren bei den Kindern mit jeweils 25 Prozent die Lustlosigkeit, etwas zu unternehmen und Kopfschmerzen. Bei den Jugendlichen gaben jeweils 22 Prozent der Befragten an, dass Einschlafprobleme und eine enorme Lustlosigkeit, etwas zu machen, die häufigsten Symptome sind. Konzentrationsprobleme treten bei Kindern viel häufiger auf als bei Jugendlichen. 25 Prozent der Kinder gaben an, bei andauerndem Stress Konzentrationsprobleme zu haben. Hingegen gaben nur 11 Prozent der Jugendlichen an, Konzentrationsschwierigkeiten zu haben. Der größte Unterschied zwischen Kindern und Jugendlichen liegt bei den Kopfschmerzen, denn nur 11 Prozent der Jugendlichen gaben an, öfters Kopfschmerzen zu

haben. Hingegen gaben 25 Prozent der Kinder an, bei andauerndem Stress vermehrt
Kopfschmerzen zu haben.

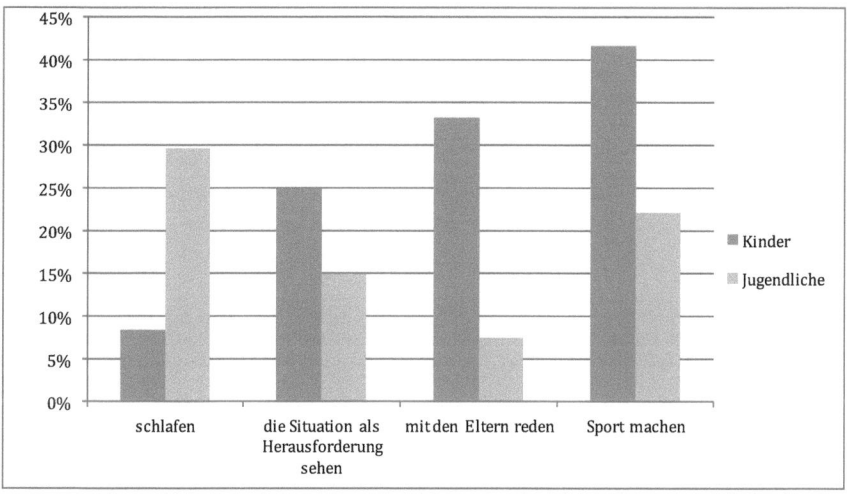

Abb. 11: Im Vergleich: Stressbewältigungsmethoden bei Kindern und Jugendlichen

Im letzten Teil der Befragung sollte herausgefunden werden, welche Methoden Kinder
und Jugendliche anwenden, um Stress zu bewältigen. Die meist angewendete Methode
zur Stressbewältigung bei Jugendlichen ist, schlafen zu gehen und sich zu entspannen.
29,7 Prozent der Jugendlichen wenden diese Methode regelmäßig an, hingegen prakti-
zieren nur 8,3 Prozent der Kinder diese Methode. 41,7 Prozent der Kinder gaben an,
andauernden Stress vermehrt mit Sport zu bewältigen, um sich abzulenken, oder sie
sehen die Stresssituation als Ansporn und versuchen die Situation so gut wie möglich zu
bewältigen. Eine weitere Bewältigungsmethode von Kindern ist, mit ihren Eltern das
Problem oder die schwierige Situation zu besprechen und gemeinsam eine Lösung zu
suchen. Jugendliche vermeiden eher das Gespräch mit den Eltern, sie reden lieber mit
ihren Freunden über derartige Probleme. Sport ist als Bewältigungsmethode bei Jugendlichen auch beliebt, denn circa 22 Prozent der Jugendlichen gaben an, Stress mit Sport
auszugleichen.

Zusammenfassend lässt sich sagen, dass sich bei den Stressauslösern und Symptomen
bei Kindern und Jugendlichen einige Ähnlichkeiten feststellen lassen. Bei den Bewältigungsmethoden unterscheiden sie sich jedoch sehr.

Ein weiterer interessanter Aspekt ist, dass weibliche Kinder laut den Ergebnissen der Befragung bezüglich Stressoren, Stressempfinden und Stressbewältigungsmethoden empfindlicher sind als männliche Kinder. Bei Jugendlichen gibt es bezüglich dem Geschlecht in nur einem Bereich einen Unterschied: weibliche Jugendliche empfinden Stresssymptome öfter und stärker als Burschen. In den anderen Bereichen schneiden männliche und weibliche Jugendliche gleich ab.

7. Zusammenfassung und Ergebnis

Das Ziel meiner Arbeit war, herauszufinden, wie Stress entsteht und welche Coping Strategien es für Kinder und Jugendliche gibt. Man spricht von Stress, wenn das physische oder psychische Wohlbefinden einer Person aus dem Gleichgewicht gerät. Bedeutende Lebensereignisse, alltäglichen Anforderungen und Probleme können Stress auslösen. Alltägliche Anforderungen, auch „daily hassles" genannt, sind die am häufigsten vorkommenden Stressoren. Sie können immer wieder auftreten und werden somit zu einer dauerhaften Belastung.

Bei Kindern und Jugendlichen gibt es viele verschiedene stressauslösende Faktoren, welche sich in vier Bereiche einteilen lassen: in physische, psychische, soziale und chemische Stressfaktoren. Kinder und Jugendliche begegnen jeden Tag unzähligen Stressoren und weisen oft Stresssymptomatiken auf. Aufgrund der von mir an unserer Schule durchgeführten Befragung lässt sich sagen, dass Kinder und Jugendliche wegen Schulstress oder enormem Zeitdruck oft Stress empfinden. Kinder und Jugendliche fühlen sich am meisten gestresst, wenn sie keine Zeit für Freizeitaktivitäten haben, um sich zu entspannen. Sie sind daher oft müde und haben keine Lust mehr, etwas zu unternehmen. Kinder versuchen Schulstress und Zeitdruck mit sportlichen Aktivitäten auszugleichen, im Gegensatz dazu bewältigen Jugendliche Stress vorzugsweise mit Schlafen.

Für Kinder und Jugendliche gibt es einige Coping-Strategien. Sie können Stress mithilfe von Bezugspersonen bewältigen. Eine andere Möglichkeit ist, dass die Stresssituation so verändert wird, dass der enorme Stress vermindert wird. Eine weitere Stressbewältigungsmethode ist, die Stresssituation als Herausforderung zu sehen und mithilfe von Anti-Stress Gedanken, Stress zu vermindern.

Viele Stresssituationen könnten bereits im Vorhinein gänzlich vermieden werden. Mithilfe eines passenden Zeitmanagements, gesunder Ernährung, ausreichend Sport und genügend Schlaf würde es oft erst gar nicht zu Stress kommen.

8. Quellenverzeichnis

8.1. Printmedien

Heinrichs, Markus; Stächele, Tobias; Domes, Gregor: Stress und Stressbewältigung. Fortschritte der Psychotherapie. Göttingen: Hogrefe 2015 (= Fortschritte der Psychotherapie 58)

Höber, Janice: Stress und Stressbewältigung bei Kindern und Jugendlichen. Zwischenprüfungsarbeit. Potsdam 2003

Hornung, Rainer; Lächler, Judith: Psychologische und soziologisches Grundwissen für Gesundheit-und Krankenpflegeberufe. Weinheim: Beltz Verlag 2006

Krenn, Cornelia: Stressbewältigung bei Kindern und Jugendlichen. Bakkalaureatsarbeit. Graz 2009

Künzle,Yvonne; Stüssi-Karlsson, Ann-Christin: Stressmanagementtraining mit dem Zür-cher Ressourcen Modell. Eine Studie über die Effekte eines ressourcenaktivierenden Stressmanagementtrainings auf die neuroendokrine Stressreaktion. Empirische Litentiatsarbeit. Zürich 2005

Lohaus, Arnold; Domsch, Holger; Fridrici, Mirko: Stressbewältigung für Kinder und Ju-gendliche. Heidelberg: Springer Medizin Verlag 2007

Rosemann, Hermann: Kinder im Schulstreß. Die Krankheit, die Schule heißt. Frankfurt am Main: Fischer Taschenbuch Verlag 1987

Seiffge-Krenke, Inge; Lohaus, Arnold (Hgg.): Stress und Stressbewältigung im Kindes- und Jugendalter. Göttingen: Hogrefe 2007

Steinbach, Herlinde: Gesundheitsförderung: ein Lehrbuch für die Pflege- und Gesundheitsberufe. Wien: facultas.wuv 2007

Zimbardo, Philip; Hoppe-Graf, Siegfried; Keller, Barbara (Hgg.): Psychologie. Berlin Hei-delberg: Springer Verlag 1995

8.2 Elektronische Medien

Antwerpes, Frank: Prävention. URL:
http://flexikon.doccheck.com/de/Pr%C3%A4vention [Stand: 03.01.2016]

Dpa (Hg.): Viele Eltern nehmen Kinderstress kaum wahr. URL:
http://www.faz.net/aktuell/feuilleton/familie/studie-viele-eltern-nehmen-
kinderstress-kaum-wahr-13667667.html [Stand: 14.12.2015]

Hey, Stefan: Was ist Stress?. URL: http://www.stress-ratgeber.de/definition [Stand:
05.12.2015]

Hirling, Hans: Stress und die Folgen bei Kindern & Jugendlichen. URL:
http://www.praxis-jugendarbeit.de/jugendarbeits-blog/25-Stress-bei-Kindern-
Jugendlichen.html [Stand: 15.12.2015]

Jung, Stephanie; Schmid, Jutta; Seeger, Alexander: Stressverhalten bei Kindern. URL:
http://www.kindergaerten-in-aktion.de/praxis-alltag-in-
kindertageseinrichtungen/stress-und-entspannung/stressverhalten-bei-kindern-
1#section-5 [Stand: 05.12.2015]

Pleininger, Annemarie: Stress erkennen. Stress bewältigen. URL:
http://www.oebbg.at/newsletter/stress-erkennen-stress-bewaeltigen/ [Stand:
16.09.2015]

Stangl, Werner: Stress.
URL: http://psychologie.stangl.eu/definition/Stress.shtml [Stand: 02.09.2015]

Tetter, David: Stress kills. URL:
http://www.frogrecruitment.co.nz/Inspiration/BreathingTechniques/StressKills.html
[Stand: 02.09.2015]

8.3. Abbildungen

Abb. 1: Symptome von Stress
Zimbardo, Philip; Hoppe-Graf, Siegfried; Keller, Barbara (Hgg.): Psychologie. Berlin Heidelberg: Springer Verlag 1995, S. 578

Abb. 2: Stressreaktionen
Zimbardo, Philip; Hoppe-Graf, Siegfried; Keller, Barbara (Hgg.): Psychologie. Berlin Heidelberg: Springer Verlag 1995, S. 576

Abb. 3: Stressmodelle
Hey, Stefan: Stresstheorien. URL: http://www.stress-ratgeber.de/definition/stresstheorien [Stand: 12.10.2015]

Abb. 4: Das transaktionale Stressmodell von Lazarus
Seiffge-Krenke, Inge; Lohaus, Arnold (Hgg.): Stress und Stressbewältigung im Kindes- und Jugendalter. Göttingen: Hogrefe 2007, S. 22

Abb. 5: Das reaktionszentrierte Stressmodell von Selye
Lipponer, Diana: Psychosomatische Krankheiten – unser Körper als Spiegel der Seele. URL: http://www.lza.de/downloads/material/index.php?title=Psychosomatische_Krankheiten_%E2%80%93_unser_K%C3%B6rper_als_Spiegel_der_Seele [Stand: 15.12.2015]

Abb. 6: Stressoren von jungen Menschen
Klink, Wolfgang: MindMatters – Lehrerfortbildung bei der BARMER GEK: Psychische Gesundheit für die Schule. URL: https://presse.barmer-gek.de/barmer/web/Portale/Presseportal/Subportal/Laender/Archiv-HH-SH-MV/Pressemitteilungen-Archiv/Archiv-2011/110315-MindMatters-MV/content-MindMattersMV.html [Stand:

Abb. 7: Symptome von Stress
Seiffge-Krenke, Inge; Lohaus, Arnold (Hgg.): Stress und Stressbewältigung im Kindes- und Jugendalter. Göttingen: Hogrefe 2007, S. 179

Abb. 8: Stressbewältigungsmethoden
Lohaus, Arnold; Domsch, Holger; Fridrici, Mirko: Stressbewältigung für Kinder und Jugendliche. Heidelberg: Springer Medizin Verlag 2007, S. 50

Abb. 9: Im Vergleich: Stressoren bei Kindern und Jugendlichen-eigene Darstellung

Abb. 10: Im Vergleich: Stresssymptome bei Kindern und Jugendlichen-eigene Darstellung

Abb. 11: Im Vergleich: Stressbewältigungsmethoden bei Kindern und Jugendlichen-eigene Darstellung

Anhang: Fragebogen „Stress und Coping-Strategien bei Kindern und Jugendlichen

Fragebogen „Stress und Coping-Strategien bei Kindern und Jugendlichen

„STRESS LASS NACH!"

Stress und Coping-Strategien bei Kindern und Jugendlichen

Im Rahmen meiner vorwissenschaftlichen Arbeit, führe ich eine Befragung zum Thema Stress durch, um Zusammenhänge und Unterschiede von Stresssymptomen bei Kindern und Jugendlichen herauszufinden.

| Alter: |
| Geschlecht: |

Wenn ich längere Zeit Stress habe,	Trifft nicht zu			Trifft sehr zu
1. habe ich Alpträume.	1	2	3	4	5
2. zittere ich oft.	1	2	3	4	5
3. fühle ich mich geschwächt.	1	2	3	4	5
4. habe ich oft Kopfschmerzen.	1	2	3	4	5
5. habe ich oft Bauchschmerzen.	1	2	3	4	5
6. habe ich Verdauungsprobleme.	1	2	3	4	5
7. wird mir oft schwarz vor den Augen.	1	2	3	4	5
8. kann ich nicht einschlafen.	1	2	3	4	5
9. habe ich Migräne.	1	2	3	4	5
10. bekomme ich einen Ausschlag.	1	2	3	4	5
11. denke ich oft über mein Leben nach	1	2	3	4	5
12. habe ich oft keine Lust etwas zu unternehmen.	1	2	3	4	5
13. kann ich mich schlecht konzentrieren.	1	2	3	4	5
14. bin ich oft traurig.	1	2	3	4	5
15. mache ich mir Sorgen über meine Zukunft.	1	2	3	4	5
16. habe ich an mich selbst zu hohe Ansprüche, die ich nicht erfüllen kann. 43	1	2	3	4	5
17. bin ich mit meinen gesundheitlichen Problemen überfordert.	1	2	3	4	5

Ich fühle mich gestresst,	Trifft nicht zu				Trifft sehr zu
18. wenn ich mit meinen Eltern streite.	1	2	3	4	5
19. wenn ich unter Leistungsdruck stehe.	1	2	3	4	5
20. wenn ich schlechte Noten schreibe.	1	2	3	4	5
21. wenn ich mit meinem/meiner besten/bester Freund/in streite.	1	2	3	4	5
22. wenn ich keine Zeit für Freizeit habe.	1	2	3	4	5
23. wenn meine Eltern kein Verständnis zeigen.	1	2	3	4	5
24. wenn ich keinen ruhigen Platz für Hausaufgaben habe.	1	2	3	4	5
25. wenn ich kein Geld habe. (Taschengeld)	1	2	3	4	5
26. wenn ich zu wenig Zeit habe.	1	2	3	4	5
27. wenn mich meine Freunde kritisieren.	1	2	3	4	5
28. wenn ich mich mit meinen Freunden treffe.	1	2	3	4	5
29. wenn ich wenig schlafe.	1	2	3	4	5

Was machst du, um mit Stress bzw. einer belastenden Situation umzugehen?	Trifft nicht zu				Trifft sehr zu
30. Ich sehe die Situation nicht als Stress, sondern als eine Herausforderung.	1	2	3	4	5
31. Ich bespreche mein Problem mit meinen Eltern.	1	2	3	4	5
32. Ich rede mit meinen Freunden.	1	2	3	4	5
33. Ich stehe da drüber und sehe keine Belastung.	1	2	3	4	5
34. Ich rauche.	1	2	3	4	5
35. Ich mache etwas mit meinen Freunden, um mich zu entspannen.	1	2	3	4	5
36. Ich mache ein Nickerchen.	1	2	3	4	5
37. Ich nehme Beruhigungsmittel.	1	2	3	4	5
38. Ich mache Sport.	1	2	3	4	5
39. Ich vermeide Stress schon im Vorfeld.	1	2	3	4	5
40. Egal wie schlimm der Druck ist, ich habe gute Freunde, auf die ich mich verlassen kann.	1	2	3	4	5
41. Ich schreibe alles in ein Tagebuch.	1	2	3	4	5

Wie verbringst du deine Freizeit?	Trifft nicht zu				Trifft sehr zu
42. Ich mache viel Sport. (täglich)	1	2	3	4	5
43. Ich lese sehr viel. (täglich)	1	2	3	4	5
44. Ich sehe oft fern.	1	2	3	4	5
45. Ich verbringe meine Freizeit in der Natur.	1	2	3	4	5
46. Ich unternehme etwas mit meiner Familie.	1	2	3	4	5
47. Ich unternehme etwas mit meinen Freunden.	1	2	3	4	5
48. Ich schlafe, da ich die übrige Zeit mit lernen verbringe.	1	2	3	4	5
49. Ich spiele gerne Videospiele. (Gameboy, Playstation, Handyspiele, Onlinespiele)	1	2	3	4	5
50. Ich gehe gerne mit meinen Freunden aus und trinke Alkohol.	1	2	3	4	5

Danke für deine Beteiligung! – Anna-Maria Salchegger 8A